藏在博物馆里的

中国历史

宋 元
那些事儿

有识文化　编著

成都地图出版社

成都地图出版社

目录

北宋时期地图

皇宋通宝
北宋时期钱币，刻字主要分
篆书与真书两种。

王安石
北宋时期政治家，主张变法
革新，发展生产，富国强兵。

交子
最初是一种存款凭证，后来
逐渐在市场流通，成为中国
最早的纸币。

记里鼓车
中国古代用来记录车辆行过
距离的马车，车每行一里路，
敲鼓一下。

北宋"文府"墨锭
墨锭是文房四宝之一，历来
备受文人的喜爱。

花石纲
宋徽宗爱好怪石，便有了专
门运送奇花异石以满足皇帝
喜好的特殊运输船队。

苏轼
北宋文坛领袖，在诗、词、书、
画等方面取得很高成就，"唐
宋八大家"之一。

辖
戛
斯

汗

黑
汉
山
脉

西
州
回
鹘

昆
仑

黄头回纥

吐
蕃
诸
部

喜
马
拉
雅
山
脉

大

指南针

古代叫司南，其主要组成部分是一根装在轴上的磁针。

斡 朗 改

梁山泊起义

北宋末年的一次农民起义，不断演绎后成为《水浒传》的历史原型素材。

女

辽

资治通鉴

《资治通鉴》

北宋史学家司马光主编的一部编年体史书，总结经验教训，供统治者借鉴。

大兴安岭

长白山脉

慈云塔

直

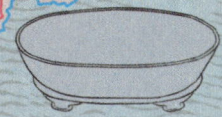

汝窑天青无文椭圆水仙盆

汝窑是北宋徽宗时期的官窑，以天青釉色著称于世，唯独此件光洁无纹。

阴山山脉

贺兰山

夏

黄河

河

北

纺纱女

渤海

黄海

东海

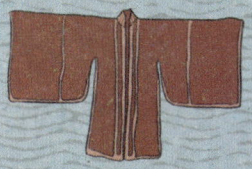

广袖袍

长江

宋

建窑黑釉兔毫盏

宋金时期，兔毫盏在中国很多地方都有烧制，以建窑所烧最为著名。

南海

黄海

东海

流求

钓鱼岛 赤尾屿

南海

北宋

流求

南海

万里石塘

南海

高级"保温杯"
——影青釉莲花瓣注子注碗

"智慧的高度，也决定了酒温的持久度。"

盖

注子

注碗

古人在天气寒冷的时节饮酒时，一般是将酒温热了再喝。进入宋代，酒器的款式呈现出多样化趋势，功能也日渐全面。"注子注碗"就是这个时期出现的。

影青釉莲花瓣注子注碗，由注子、注碗组合而成。

注子是一种盛酒器具，是我们常见的一种酒壶款式。温酒时将装满酒的注子置于注碗中，碗内加入热水，用以温酒。注子通体施以影青釉，六棱形腹，前置上扬的细流，后置带式曲柄，直颈小口。注子口上套盖，盖顶有一蹲

立狮子，昂首翘尾，活灵活现。

注碗全形犹如一朵含苞欲放的仰莲，出淤泥而不染的高雅气质油然而现。影青釉注子注碗组合和整个花纹图案设计完美巧妙，胎质细腻，釉色温润光洁，朴素

注子

注碗

盖

淡雅。造型统一和谐，注子和注碗仿佛是穿上了"情侣衫"。

　　酒与宋代文人有着难解之缘，在生活情趣方面趋于自然适意，在饮酒的过程中，静养身心，享受人生。而造型雅致，制作精美的酒器更加体现了宋人雅致的生活态度，令人为之神往。

文物档案

名称： 影青釉莲花瓣
　　　　注子注碗

年代： 北宋

材质： 陶瓷

规格： 高 27 厘米
　　　　壶底径 8.5 厘米
　　　　壶口径 3.5 厘米

出土地： 安徽宿松

收藏地： 安徽博物院

北宋建立

五代十国的乱局至此尘埃落定。

约法三章

赵匡胤在黄袍加身时与部下约法三章，"不得惊犯宫室，不得凌辱朝臣，不得抢掠"，否则他就不当皇帝。

黄袍加身

五代后周时，赵匡胤在陈桥驿发动兵变，部下诸将给他披上黄袍，拥立他为天子。

登上皇帝的宝座

赵匡胤发动兵变后，宣读禅位诏书，登上了皇帝的宝座，国号"宋"，是为宋太祖，定都开封。

统一中原

门下侍郎赵普提出了天下一统的策略，在防御北方劲敌的同时，逐一消灭南方的割据势力，宋朝结束了五代十国的分裂局面。

一个新王朝的诞生
预示着
一个崭新社会的开始

金匮（guì）之盟

杜太后临终时召赵普入宫记录遗言，劝说太祖赵匡胤死后传位于弟弟赵光义。因为这份遗书藏于金匮之中，所以被称为"金匮之盟"。

卧榻之侧，岂容他人酣睡

宋朝一统天下之际，南唐后主百般讨好宋太祖以求安稳，宋太祖却认为，自己的利益绝不容他人侵占。

告御状

宋太祖时，大臣王彦升深夜去找宰相索贿，宰相害怕，第二天就告诉了皇帝，于是王彦升被外放。

斧声烛影

宋太祖赵匡胤驾崩前，召弟弟赵光义议事，席间有人在烛光下看见赵光义离席逃避，又听见宋太祖用斧戳地大声说话，后人因此怀疑赵光义杀兄篡位。

分裂局面的结束
却并不意味着内乱的停止
根基不稳的新政权
仍危机四伏

宋瓷之冠

——汝窑天青釉三足樽承盘

"一件瓷器，可与青铜器比肩争锋。"

这件汝窑天青釉三足樽承盘是宋代汝窑烧制的瓷器，造型古朴大方，直口，平底，下承3个曲足。里外施天青釉，色泽青翠华滋，通体满釉，釉面满开细碎纹片，像银光闪闪的鱼鳞，又像蝉翼纹状，排立有序，富有层次感，使得单一的青釉表面增添了另一番趣味。外底满釉，底部有5个如芝麻般细小的支钉痕。清代乾隆皇帝十分喜爱这件汝窑天青釉三足樽承盘，曾赋诗一首并命工匠镌刻于器物外底。诗曰："紫土陶成铁足三,寓言得一此中函。易辞本契退藏理,宋诏胡夸切事谈。"句末署"乾隆戊戌夏，御题"。"乾隆戊戌"，即乾隆四十三年（1778年），此器造型属传世孤品，弥足珍贵。

这件瓷器产自汝窑，而汝窑是宋代五大名窑之首，

北宋时期皇家瓷器主要由汝窑生产。汝窑的烧造时间很短，大约 20 年，所产的瓷器以名贵玛瑙为釉，色泽独特，犹如"雨过天晴云破处"，所以传世作品极为精美稀少。2015 年，故宫博物院在全世界范围内统计汝窑典藏，全世界现仅存 93 件，由此也可以看出这件汝窑瓷器是何等珍贵。

文物档案

名称：汝窑天青釉三足樽承盘

年代：北宋

材质：陶瓷

规格：高 4 厘米
口径 18.5 厘米
足径 16.9 厘米

出土地：不详

收藏地：故宫博物院

巩固政权

有效的政治措施是稳固社会、安抚百姓最直接的方法。

不再与皇帝平起平坐

宋代以前，宰相都是坐着与皇帝讨论国事。宋太祖借口看不清奏章让宰相范质起身上前，趁机让人搬走座椅，从此宰相再也不能和皇帝平起平坐了。

杯酒释兵权

宋太祖在酒宴上对将领威逼利诱，解除了他们的兵权，防止了军队政变，是历史上有名的安内方略。

权力洗牌

为防止地方兵变，宋太祖将中央和地方的权力进行分割，使各部门之间相互制衡，减少了国内战乱的发生。

澶渊之盟

1005 年，北宋和辽经过 20 多年的战争后在澶州议和，因澶州在宋朝也称澶渊郡，故史称"澶渊之盟"。

宋真宗封禅

大中祥符元年（1008 年），宋真宗东巡泰山封天禅地，西至汾阴登坛祭祀。他是中国最后一个封禅的皇帝。

庆历新政

庆历年间，宋仁宗命范仲淹进行改革，因改革削弱了吏治能力，又限制了官僚地主特权，最后以失败告终。

庆历和议

西夏对北宋发动数次战事，宋朝皆惨败。最后双方达成和议，西夏名义上向宋称臣，但北宋需每年赐给西夏岁币、布匹、茶叶等物资。

王安石变法

熙宁年间，王安石变法进行了多项举措，如青苗法、保甲法、均输法等，一定程度上充实了政府财政。

政治清明
官员清廉
是一个王朝兴盛的基础

宋朝的"国有企业"

北宋时期的手工业技术达到了一定的高峰，水轮磨坊等工具的发明促进了社会经济的快速发展。

人们善于利用地形之便，将磨坊建在河流之上，借用水力来提高磨坊的粮食加工效率。

磨坊的分工明确，有磨面、扛粮、扬簸、净淘、挑水、赶车等十几道工序，民工们有条不紊地进行着粮食加工。

北宋时期，大型官营作坊的运作体系十分成熟，采用官员监工和民工劳作的运营方式。

北宋的酒楼门前大多装饰着彩楼欢门，官吏们喜欢在彩楼上饮酒作乐。

水轮磨坊由引水道、水轮、磨盘、磨轴等组成，它可以日夜旋转，磨面千斤，不但节约人力，也是无污染的环保磨面工具。

最具童心的枕头
——定窑白釉孩儿枕

"瓷器上的娃娃，令皇帝也爱不释手。"

这是一件构思独特的枕具。工匠独具匠心，塑造了一个活泼可爱的男孩俯卧于榻上的形象。男孩两臂交叉环抱，头枕于双臂之上，臀部鼓起，两只小脚相叠上翘。他眉清目秀，眼睛炯炯有神，面带微笑，一副悠闲自得的样子。细节的刻画生动传神，衣纹流畅清晰。瓷枕以孩儿背为枕面，底座为一床榻，榻为长圆形，底部有两个通气孔。此枕整体线条柔和流畅，兼具实用性和欣赏价值。

白釉孩儿枕产于定窑，是我国五大名窑之一，以产白瓷著称。定窑生产规模宏大，品种繁多，但瓷器数量极少，主要是作为贡品进入宫廷。这件白釉孩儿枕，是定窑瓷器的代表作之一。

瓷枕是古人夏季喜欢的寝具，因为瓷可以爽身怡神，甚至有"明目益睛，至老可读细书"的功效。瓷枕最早出现于隋代，到了宋代，因经济发达，人们对物质生活的要求也有所提高，瓷枕的发展进入了繁荣时期，不仅体形较前代有所增大，而且装饰技法也多样化，体现了宋人的家居观念。

文物档案

名称：定窑白釉孩儿枕
年代：北宋
材质：陶瓷
规格：高 18.3 厘米
　　　　长 30 厘米
　　　　宽 18.3 厘米
出土地：不详
收藏地：故宫博物院

王安石变法

政治改革是改变积贫积弱局面的根本。

青苗法

每年播种时农民可自愿向官府借贷钱物，收成后加息归还谷物或现钱。

均输法

均输法规定在较近的产地或在便宜的地区采购，以节省货款和运费，既减轻了纳税户的负担，也限制了商人对市场的操纵和对民众的盘剥。

免役法

官府出钱雇人应役并预计经费，由民户按等级分摊缴纳役钱而免差役，称免役钱；其他特权户按同等的一半交钱，称助役钱，官府因此增加了收入。

农田水利法

农田水利法是王安石主张"治水土"的重要措施，奖励各地开垦荒田、兴修水利，由受益人出资，财力不足者可向官府借贷。

发展生产，富国强兵
充实政府财政，提高国防力量
是挽救宋朝政治危机最直接有效的方法

市易法

在东京设置市易务，收购滞销货物并在短缺时卖出，限制商人对市场的控制，利于稳定物价和商品流通，增加了政府的财政收入。

方田均税法

政府每年丈量土地并分为五等，据此来制定田赋。既清出了地主隐瞒的土地，增加了财政收入，也在一定程度上减轻了农民的负担。

将兵法

把禁军的厢、军、营、都四级编制改为将、部、队三级编制，消除将不知兵、兵不识将的弊端。同时，每将置正、副将各一人，负责军队训练，州县不得干预，提高了军队的战斗力。

保甲法

乡户每十家组一保，五保为一大保，十大保为一都保。家有两丁以上则出一人为保丁，农闲时进行军训。这样既能防止农民反抗，又能节省军费。

新法的推行不当
不仅会影响到百姓的生活
也必然会触动大地主阶级的根本利益

木骨佛心

——彩绘木雕观音菩萨坐像

"木头与色彩的碰撞，诞生了伟大又慈悲的菩萨。"

观音菩萨是中国佛教四大菩萨之一，无论是在佛教中，还是在民间，影响都极大。

这尊彩绘木雕观音菩萨坐像，观音菩萨头戴宝冠，面相圆润安详，双眉细长，双目下视，仿佛人间的疾苦都在菩萨的悲悯关切之中。菩萨身披帔帛，胸饰璎珞，长裙垂地，裙腰结带，腰带饰宝珠花饰，右手持莲花，左手呈拈花指状，右腿弯曲平放于山石之上，左腿自然下垂，脚踏大地。此刻的观音菩萨，显得可亲可近，仿

佛不再是高居神坛的神，而是可交流的心灵使者，是善的代表、慈悲的化身。

北宋的统治者在文化上提倡佛、儒、道并重的文化方略，佛教在宋代得到了长足发展。同时，宋代社会稳定，经济发达，为木雕佛教造像的流行提供了前提条件。此时的木雕菩萨像追求端庄含蓄、返璞归真的自然之美，突破了传统技法的限制，契合了当时社会倡导的含蓄内敛、趣味高雅的审美观，是当时精神文化的缩影。

文物档案

名称： 彩绘木雕观音菩萨坐像

年代： 北宋

材质： 木

规格： 高 200 厘米

出土地： 不详

收藏地： 中国国家博物馆

和平相处

澶渊之盟以后，北宋与辽国实现了长期的和平局面，并制定了较为稳定的宾礼制度。

自北宋开国到国灭亡期间，宋交流十分密切，使臣的次数达到次之多。

参与朝聘北宋的辽国使团中，除了几位主要使者之外，还有牵马、举旗帜的其他使团成员。

辽国使臣进献的礼物具有地方特色，其中较为突出的是幽州织布和果实、腊脯等。

朝聘过程中，皇帝命人将辽国使臣进献的礼物清单宣读给大臣们听，并将礼物赐给各级官员。

北宋的官吏制度十分严格，分为文官和武官两大类，在品阶等级上也具有高下之分。

复古女装
——泥金花卉飞鸟罗表绢衬长袖对襟女衣

"金色的花卉，轻盈的罗，隐约可见宋朝女性的风姿。"

在南京市大报恩寺遗址深达 6.75 米的地下，尘封于北宋长干寺地宫中的大批丝织品重见天日。通过现代的科技手段，丝织品的真貌得以展现在我们眼前，其中真正的服装仅有一件，名为"泥金花卉飞鸟罗表绢衬长袖对襟女衣"。

所谓"泥金"，就是用金箔粉和胶水制成的金色颜料，用毛笔蘸在织物上绘出纹样。这件对襟女衣属于罗织物，其织造工艺非常复杂，成衣轻薄透气，用泥金描绘于衣料之上更加突显了这件女衣的珍贵，不是普通百姓所能拥有的。尽管因为历史久远，衣服上的金粉多有脱落，但从印金处的残留痕迹依然可以辨认出花卉、飞鸟等图案纹饰。这件对襟女衣一方面展示了女性的着装特点，另一方面也展现了北宋

时期丝织工艺的高超水平。

　　丝绸制品是有机质文物，在历史的风雨侵蚀中极难保存。但为何这批丝织品历经千年仍保存完好？

　　是因为长干寺地宫内的铁函在埋藏过程中，形成了独特的饱水环境，将空气、细菌隔绝，铁函内长期保持稳定状态，才使得这批宋代丝织珍品得以保存千年。

对外贸易

对外贸易的收入，成为了国家财政收入的一大来源。

奖励外贸

北宋初年，宋太宗曾派遣内侍携带敕书、金帛，分四路往南海各国招揽蕃商，对来华进行大宗贸易的外商予以奖赏。

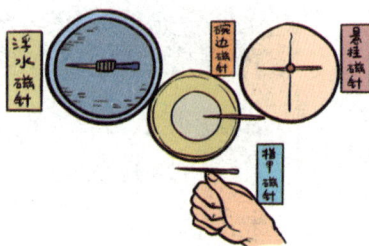

造船业

宋代每年的造船数量达到三千多艘，造船业达到历史高峰，造船技术处于世界领先地位。空前繁荣的海上贸易是推动造船业发展的重要动力。

指南针

宋代的指南针广泛应用于航海。沈括的《梦溪笔谈》中记载了宋代的四种指南针用法：浮在水面的、放在指甲上的、放在碗边上的和用丝线悬挂的磁针。

三大对外贸易港口

宋朝有三大对外贸易主港，分别为广州、明州、泉州。

宋朝的对外贸易
分为官府经营和私商经营
其中民营外贸占多数

宋代海关

宋朝在各海港设立了管理海上对外贸易的官府——市舶司，相当于现在的海关。当海外商船进入中国海域后，市舶司要派官员"阅实其货"，征收关税或采购货物。

《元丰广州市舶条法》

北宋元丰时期，朝廷颁布了中国古代史上第一个专项外贸法规——《元丰广州市舶条法》。虽冠以"广州"二字，但并不局限于广州一地。

海上贸易

为了防止钱币外流，南宋政府下令以丝绸、瓷器交换外国的舶来品。自此，中国丝绸和瓷器的出口量比以往增多。

价比黄金的"宋瓷"

宋瓷的出口量大得惊人，但仍不能满足外贸需求。精美的官窑瓷器一运到国外，立即身价倍增，价比黄金，成为外国人珍藏之物。

由于西夏阻隔了西北的丝绸之路
加上经济重心的南移
东南沿海的港口
成为宋朝的新贸易中心

青绿山水之巅
——《千里江山图》

"一个国家辽阔的疆域，隐藏在青绿山水之间。"

　　《千里江山图》是宋代青绿山水画中具有突出艺术成就的代表作，集北宋以来水墨山水画之大成，是中国十大传世名画之一。

　　此图描绘了祖国江南的锦绣河山。画面上山丘峰峦起伏跌宕，绵延不绝，江上烟波浩淼，变化无穷，跨江大桥壮丽恢弘，房舍屋宇错落有致，山间高崖飞瀑，曲径通幽，景色秀丽。山水间的景色各依地势、环境布置，与山川湖泊相辉映，空间组织巧妙。此画以概括精练的手法、绚丽的色彩和工整的笔致表现出祖国山河的雄伟壮观，一向被视为宋代青绿山水画中的宏大巨制。

　　该画作者王希孟是北宋著名画家，在图画院做学生时，天赋极佳，被宋徽宗慧眼识明珠，亲授绘

江山千里望
无垠元气淋
漓运以神北
宋院诚鲜二
木三唐法从
韩多能可惊
当世王和赵
己称一堂君
契臣易不自
思作人者尔
時调鼎作何
人

丙午新正月
御题

画技巧，从此王希孟的画技日益精进。他18岁那年用了半年时间绘成名垂千古的《千里江山图》，深得宋徽宗的喜爱，是中国绘画史上仅有的以一张画而名垂千古的天才少年，可惜20多岁就去世了，《千里江山图》也成了王希孟的"千古绝唱"。

文物档案

名称：《千里江山图》
年代： 北宋
材质： 绢
规格： 纵 51.5 厘米
　　　　横 1191.5 厘米
收藏地： 故宫博物院

繁华的汴京

北宋全盛时期，都城汴京繁华热闹，人民生活富足。

高耸的亭台楼阁，热闹的街市，摊位上的货品……都展示着北宋汴京城的繁荣。

北宋的瓷窑遍布全国，在历史上有"宋瓷"的美称。官窑、钧窑、汝窑、定窑和哥窑是北宋著名的五大名窑。

北宋是中国历史上文化最昌盛、艺术最繁荣的朝代之一，街上的"书店"也随之诞生。

北宋人的娱乐生活十分丰富，有欣赏歌舞戏曲、斗茶、游园、荡秋千等。

北宋是园林兴起的朝代，其园林可分为四大类：皇家园林、寺观园林、陵寝园林和最常见的高官富商的私家园林。

带你穿越回北宋
——《清明上河图》

"一幅画卷，承载了一个时代的繁华与风光。"

《清明上河图》生动记录了北宋都城汴京的城市面貌和当时社会各阶层人民的生活状况，见证了北宋都城汴京当年的繁华。全图共画了500多个不同身份的人物，个个形神兼备，惟妙惟肖。

图中郊外的驼队满载货物，缓缓走来；农家小院之中，饲养着成群的家禽；接亲的队伍从北边徐徐拐过来，新郎骑着枣红马，新娘乘轿；酒店撑起招揽顾客的旗幡；码头上货主正在清点货物，码头工人正在把运来的货物堆码起来。汴京主干道两边车水马龙，店铺林立。汴河上商船云集，首尾相连，虹桥气势不凡，桥面上熙熙攘攘，桥下船只穿行而过。整个画面中士农工商，三教九流，男女老幼，无所不有，商业都市的繁华景象真实地展现在人们的眼前。

　　《清明上河图》是北宋画家张择端仅存的传世精品，该画艺术特色非常鲜明，是中国十大传世名画之一，属国宝级文物。其丰富的思想内涵、独特的审美视角、现实主义的表现手法，都使其在中国甚至世界绘画史上被奉为经典之作。同时，它也为我们提供了北宋大都市社会经济生活等详实形象的第一手资料，具有重要历史文献价值。

文物档案

名称：《清明上河图》

年代：北宋

材质：绢

规格：纵 24.8 厘米
　　　　横 528 厘米

收藏地：故宫博物院

北宋灭亡

帝国的覆灭，惨烈的亡国之痛，
又岂只因统治者的一念之间。

元祐党籍碑

宋徽宗时蔡京专权，将元祐年间的司马光、苏轼、苏辙、黄庭坚、秦观等人列为奸党，并将他们的姓名刻在石碑上公布天下，后来被宋徽宗下诏毁掉。现为旧本重刻。

王小波、李顺起义

北宋前期，四川地区实行茶叶专卖，官府强行以低价收购茶农茶叶，导致社会贫富差距太大，王小波、李顺发动起义，并提出"均贫富"的主张。

方腊起义

宋徽宗时期，百姓因花石纲之役被官吏掠夺勒索，方腊率众起义，农民纷纷响应，起义军接连攻陷几十座州县，部众发展到近百万之多。

海上之盟

宋徽宗时期，辽国逐渐衰弱，难以抵挡新崛起的金国的攻势。宋朝便派使臣在海上与金国签订盟约，商量共同攻击辽国。

宋江起义

北宋末年，宋江率众起义，攻陷十余州县城池，最终战败被俘。他的事迹被后世不断演绎，成为《水浒传》的历史原型素材。

东京保卫战

北宋末年，金军南下，保卫东京（今河南开封）的抗战派虽多次打退金军，但因投降派不积极抗战导致东京保卫战失败。

花钱买面子

宋、金联合灭辽战争中，宋朝"出钱"请金军代为收复燕云十六州，结果金国不仅将燕云十六州抢劫一空，还看穿了宋王朝的软弱。

靖康之变

宋钦宗靖康二年（1127年），金攻占北宋都城汴京，掳走徽宗、钦宗二帝及大量赵氏皇族，北宋灭亡，宋室南迁。

内忧外患
起义不断
底层人民进行着最后的挣扎

南宋时期地图

钟相、杨幺起义

湖南义军首领钟相，率众于洞庭湖地区连南宋官军围剿。

辛弃疾

南宋官员、文学家，豪放派词人，有"词中之龙"之称，与苏轼合称"苏辛"。

《洗冤集录》

这是中国较早、较完整的法医学专书，后世诸法医著作多以本书为蓝本。

突火枪

中国的早期火枪在宋朝时就已经出现了，当时叫作"突火枪"。

朱熹

中国南宋时期思想家，理学集大成者，闽学代表人物，被后世尊称为朱子。

海外贸易

西

辽

吐 蕃 等 部

大

"官巷前街" 金叶子

宋元时期水运繁荣，港口的商家们不得不使用贵金属进行交易。

弓鞋

古代缠足妇女所穿的鞋子。妇女因缠足脚呈弓形，故其鞋有此名。

隆兴和议

孝宗起用老将张浚等发动"隆兴北伐"，却在符离被金军击败，后两国议和。

古

兴安岭

金

长白山脉

阴山山脉

贺兰山

夏

黄河

岳飞

渤海

南宋龙泉窑粉青象钮盖罐

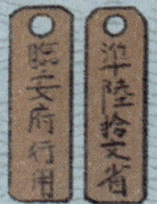

黄海

东海

东海海

南宋"临安府行用"钱牌

南宋末年，内外交困，财政捉襟见肘，遂大肆鼓铸各类铁钱。

南宋

长江

"中兴复古"香饼

香饼呈方形，分量极轻。其正面刻有"中兴复古"四字楷书。

里

流求

南海

流求

千里长沙

南海

万里石塘

南海

酒中之花
——宋芙蓉花金盏

"只有最明艳的花，才能包容最烈性的酒。"

　　芙蓉花金盏是一件用来喝酒的酒器，整体看上去似一朵盛开的芙蓉花，敞口、圈足外斜。碗壁上下都刻有花瓣纹，内壁上部有8片花瓣，右瓣压左瓣，按顺时针方向叠压成一圈；下部的8片花瓣是左瓣压右瓣，按逆时针方向叠压成一圈。外壁花瓣的叠压方向与内壁相反，所饰瓣纹一左一右，碗内底部刻花蕊和3片花瓣，层次分明，风格独特。

　　为了突显花瓣的浮雕效果，芙蓉花金盏采用捶揲工艺打制成型，再用錾刻工艺雕刻出花瓣纹路，整个金盏线条细腻、纹饰精美。捶揲和錾刻两种工艺的结合使金盏层次丰富，典雅自然，契合了宋人追求简约、崇尚淡雅的审美情趣，可以猜测当时蜀地的宋人在觥筹交错之间，必定也沉醉于这件精致

的酒器中。

芙蓉花金盏出土于四川。相传，后蜀皇帝孟昶为讨爱妃欢心，下令将成都全城遍植芙蓉花，葱茏高大的芙蓉树上开满了富贵的芙蓉花，正如这件芙蓉花金盏一样非常讨喜。

在宋代，四川是经济、文化都很发达的地区，金银器、瓷器制造业都很繁荣，位居全国前列。

文物档案

名称： 宋芙蓉花金盏
年代： 南宋
材质： 金
规格： 口径 9 厘米
　　　　高 4.8 厘米
出土地： 四川绵阳
收藏地： 四川博物院

偏安一隅

臣民苦战不怠，懦弱的皇室却选择苟且偷安。

苗刘兵变

建炎三年（1129 年），苗傅和刘正彦发动兵变，诛杀宋高宗赵构宠幸的权臣及宦官以清君侧，最后两人被打败，在建康闹市被处决。

赵构称帝

两宋交替时期，在金兵的追击下，康王赵构逃至江南，建立了南宋小朝廷。

黄天荡之战

宋军与金军在黄天荡进行了一场水战，金军欲返回北方，韩世忠带兵堵截，金军火攻突破后成功返北，宋军先胜后败，但虽败犹荣。

郾城之战

金国统治集团完颜宗弼一派得势，主张再次以武力迫使南宋屈服，夺回河南、陕西。此战中，岳飞所率岳家军以少胜多，给金军以沉重打击。

在风雨飘摇的追赶中
以纳贡称臣为代价
只为换取东南的半壁江山

撼山易，撼岳家军难

岳家军是南宋初年由岳飞领导的抗金军队。以义军为主干，陆续收编农民军等汇成大军。军队纪律严明，训练有素。金军中流传着"撼山易，撼岳家军难"的说法。

《绍兴和议》

宋高宗与宰相秦桧为与金国议和，解除了岳飞、韩世忠等人的兵权，订立《绍兴和议》，向金国纳贡称臣。

川陕保卫战

南宋初期，陕南和四川成为南宋抗金前沿，宋军利用防御工事，多次击败南下金兵，使金兵不能入蜀半步，保卫着南宋初期的半壁河山。

采石之战

1161年，完颜亮亲率主力，从开封府出发，准备灭亡南迁的南宋朝廷。南宋文臣虞允文率领军民于采石阻挡金军渡江南进，使金军不能如愿渡江。

可战而不战
为了彻底的求和
杀忠臣，灭士气
政治空气呈现出前所未有的窒息

如冰似玉
——青釉荷叶形盖瓷罐

"青瓷釉色与质地之美的顶峰。"

青釉荷叶形盖瓷罐，是国家一级文物，也是中国瓷器三大国宝之一，每年数以万计的游客纷纷而至，只为一睹它的真容。

盖瓷罐的罐身圆润，直口短颈，圆肩鼓腹，下腹内收，圈足；盖子的设计更是独具匠心，盖子隆起，中央有一蒂纽，盖子的边沿起伏呈荷叶卷曲状，从上往下看，就像一片荷叶在随风浮动，和盖身形成一动一静的完美结合，非常漂亮。盖瓷罐内外满施梅子青釉，釉层肥厚，色泽莹润，釉面光洁平整，

"碧绿如翡翠，温润如春水"正是对它最真实的写照，真正达到了中国陶瓷学千百年来追求的"千峰翠色"、"如冰似玉"的理想境界。

青釉荷叶形盖瓷罐是南宋龙泉窑中最大的一件瓷器，也是宋瓷当中唯一一件

荷叶形盖罐瓷器，全球仅此一件，堪称绝品。梅子青色瓷器的烧制十分困难，对于工艺、烧制的温度和釉质，都有着非常高的要求。史上梅子青品种的瓷器，只在南宋这一朝代烧造过，存世极少，实在是弥足珍贵。

铁马金戈

摊上一个摇摆不定的掌权者，王朝最终的命运会如何？

被迫退位

绍熙五年（1194 年），宋光宗赵惇被迫传位给儿子赵扩，被尊为太上皇，李皇后被尊为太上皇后，赵扩继位为宋宁宗。

隆兴和议

宋孝宗即位后，欲进攻金，收复中原，便发动"隆兴北伐"，最后却被金军击溃，在其胁迫下达成"隆兴和议"。

失败的北伐

开禧二年（1206 年），宋臣韩侂（tuō）胄贸然北伐，而因金军早有准备，宋军进攻皆以失败告终。韩侂胄只好向金求和。嘉定元年（1208 年），宋、金达成"嘉定和议"。

庆元党禁

庆元年间，由于党派纷争，宋宁宗不分青红皂白，把当时学术界各派的主要人物一网打尽，是中国历史上知识分子遭受的一场浩劫。

端平入洛

端平元年（1234 年），南宋联合蒙古灭金之后，出兵收复位于河南的原属北宋领土，但最终被蒙古军打败。这次军事行动成为了宋蒙战争全面爆发的导火索。

鄂州之战

南宋宝祐六年（1258 年），忽必烈率领蒙古东路军进攻鄂州，最后被南宋右丞相贾似道击退。

襄樊保卫战

襄樊保卫战历时近 6 年，宋军借用地形优势阻止蒙古军进攻，蒙古军采取围困的方式，不断缩小包围圈，后以南宋襄阳失陷而结束。

崖山海战

1279 年，元世祖忽必烈派张弘范进攻南宋，双方在崖山进行大规模海战，最后元军以少胜多，宋军全军覆灭。崖山海战后，蒙元统一中国。

上下不齐心
内外不统一
偏安王朝的覆灭
只是早晚而已

宋朝文人的优雅生活

宋朝是中国文化历史上的鼎盛时期。雅集是文人雅士们吟诗作赋、议论学问的集会。

茶百戏起源于唐代，到宋代达到鼎盛时期，受到皇帝、大臣和文人的极致推崇。

北宋的书法成就极高，著名的四大书法家"苏黄米蔡"，就是指苏轼、黄庭坚、米芾、蔡襄。

北宋宗教氛围十分浓厚，文人与高僧坐而论禅，追求着超然物外的思想境界。

宋徽宗十分喜好艺术，他不仅会□琴、作画，还创作了独树一帜的书□——"瘦金体"。

衣饰精致、审美独特的北宋人在生活中颇为讲究，插花、焚香、抚琴，是普遍的日常活动。

两宋文人

宋代文化繁荣，在诗词、散文、书画方面都有伟大成就。

范仲淹

范仲淹（989—1052 年），字希文，祖籍邠州，北宋政治家、文学家。

欧阳修

欧阳修（1007—1072 年），字永叔，号醉翁，晚号六一居士，北宋政治家、文学家。

王安石

王安石（1021—1086 年），字介甫，江西抚州人，北宋政治家、改革家、文学家。

苏轼

苏轼（1037—1101 年），字子瞻，号东坡居士，四川眉山人，北宋文豪。

苏辙

苏辙（1039—1112 年），字子由，晚号颍滨遗老，四川眉山人，"唐宋八大家"之一。

黄庭坚

黄庭坚（1045—1105 年），字鲁直，号山谷道人，生于江西修水，北宋文学家、书法家，江西诗派开山之祖。

米芾

米芾（1051—1107年），字元章，号海岳外史，祖居太原，后迁至湖北襄阳，北宋书法家。

李清照

李清照（1084—1155年），号易安居士，山东济南人，婉约派代表词人，有"千古第一才女"之称。

张择端

张择端（约1085—约1145年），字正道，琅琊东武人，北宋绘画大师，存世作品有《清明上河图》。

王希孟

王希孟（约1096—约1119年），18岁时绘成了鸿篇杰作《千里江山图》。

陆游

陆游（1125—1210年），字务观，号放翁，浙江绍兴人，南宋文学家、史学家、爱国诗人。

辛弃疾

辛弃疾（1140—1207年），字幼安，别号稼轩，山东济南人，豪放派词人，有"词中之龙"之称。

桃李满天下
——"皇宋湖学宝尊"铭铜牺尊

"刻为牺牛之形，用以为尊。"

"皇宋湖学宝尊"铭铜牺尊出土于湖州安定书院，通体铜绿色，形似牛，鼻上卷，嘴巴宽大，双耳斜竖，两眼圆睁，头部向上扬起，身躯健硕，四足粗壮，尾巴下垂，背部开桃形孔，孔盖已失。腹部有长方孔，孔上置有长方板，板上镌刻有"皇宋湖学宝尊"六字篆书铭文，背部缺失的桃形盖含有"桃李满天下"的寓意，是国家二级珍贵文物。

"尊"，也作"樽"，指青铜盛酒器。古时祭祀用的牛、羊等被称为"牺牲"，所以牺尊就是"刻为牺牛之形，用以为尊"的酒器，盛行于商周时期。宋朝不仅仿造了商周时期的青铜礼器作为国家宗庙祭祀之用，还制定了一系列的礼器等级制度。

宋代重视教育，州府

之学兴盛，各地州学与文庙相结合，设有日常的祭祀孔子的礼器。该牺尊与周代牺尊相似，其造型应是取法《绍兴制造礼器图》等礼书中的牺尊。该牺尊是当时地方上作为礼器，用于祭奠先圣先师，在一定程度上也可以看出当时湖州的繁华与富庶。

两宋理学家

从复兴儒学、抨击道教到儒、释、道三教合一，思想的碰撞终出火花。

胡瑗

胡瑗（993—1059 年），字翼之，江苏如皋人，理学先驱，世称"安定先生"，与孙复、石介合称"宋初三先生"。

孙复

孙复（992—1057 年），字明复，山西临汾人，北宋理学家，孙武的第四十九代孙。

邵雍

邵雍（1011—1077 年），字尧夫，北宋理学家，与周敦颐、张载、程颢、程颐合称"北宋五子"。

石介

石介（1005—1045 年），字守道，山东泰安人。理学先驱、"泰山学派"创始人，曾创建泰山书院、徂徕书院，世称"徂徕先生"。

周敦颐

周敦颐（1017—1073 年），字茂叔，湖南道县人，北宋理学思想的开山鼻祖，世称"濂溪先生"。

朱熹

朱熹（1130—1200 年），字元晦，宋代理学家、思想家、哲学家，儒学集大成者，与程颢、程颐合称"程朱学派"。

张载

张载（1020—1077 年），字子厚，陕西宝鸡人，北宋理学创始人之一，世称"横渠先生"。

程颐

程颐（1033—1107 年），字正叔，生于湖北黄陂，北宋理学家和教育家，世称"伊川先生"。

程颢

程颢（1032—1085 年），字伯淳，生于湖北黄陂，北宋理学家、教育家、诗人，世称"明道先生"，"洛学"代表人物。

陆九渊

陆九渊（1139—1193 年），字子静，江西金溪人，南宋哲学家，"陆王心学"的代表人物，人称"象山先生""陆象山"。

理学在宋代的政治地位时有起伏
有时甚至遭到沉重的打击

望子成龙
——教子升天金杯盘

"金银器的制作与使用，是南宋社会繁荣的重要标志。"

教子升天金杯盘出土于贵州遵义杨价夫妇墓。金杯盘由金杯和承盘两部分组成，金杯系夹层，敞口，腹斜收，圈足，双螭缠绕其上，螭首对称探出杯口成为杯柄。承盘的纹饰与金杯呼应，盘心为翻涌的浪花，双螭盘旋，口尾互衔，出土时教子升天杯倒扣于承盘之上。值得一提的是，金盘上的纹饰与金杯呼应，非常精美。金器上的教子升天纹是宋代流行的纹饰，由天上的大龙和海水中的小龙组成，通过大龙呼唤小龙升天来表达父母望子成龙的愿望，也可祝颂主人高升。不过，教子升天纹被皇家使用以后，民间就再无人敢用了，因为这样会引来牢狱之灾。

贵州因为地处偏僻，之前在南宋考古中不太受重视，但从杨价夫妇墓中出

土的珍贵金银器来看，教子升天金杯盘堪称同类中的精品，可以看出西南播州（今贵州遵义）土司的豪奢程度不亚于江南。墓主人杨价是播州人，世袭播州安抚使，曾积极出兵抗击南犯的蒙古军，别以为杨价只是一介武夫，他还喜好读书写作，重视科举考试，对播州文化教育影响深远。

文物档案

名称：教子升天金杯盘

年代：南宋

材质：金

规格：杯径 7.85 厘米

高 7.05 厘米

足径 5.1 厘米

重 230 克

盘径 18 厘米

高 1.9 厘米

底径 13.5 厘米

重 180 克

出土地：贵州遵义

收藏地：贵州省文物考古研究所

两宋经济

宋朝的农业、手工业、商业大规模发展，社会经济繁荣。

最早的纸币

北宋成都发行的货币"交子"，是中国最早的纸币，在四川境内流通近 80 年，曾作为官方货币流通，称作"官交子"，也被认为是世界上最早的纸币。

交引铺

商人通过向政府付钱或物得到相应的专卖凭证，被称为交引或茶引、盐引，是一种有价证券，可以卖给交引铺领取抵偿物。

穷人的陪葬品"买地券"

由于官僚地主兼并土地，富人更富，穷人几乎没有土地，宋代陪葬品流行"买地券"，用以安慰死者的灵魂。

水轮磨坊

宋代人利用水力转动木轮，进行磨麦等粮食加工或水利灌溉，有些由官府控制监督，有些由民间私人所有。

采煤

煤在宋代叫"石炭",开采量巨大,达到了世界第一。煤的大规模开采和使用,促进了宋代冶铁、铸钱等行业的兴盛。

汴京四渠

汴京四渠是指由汴、蔡、金水、广济四河构成的漕运交通网络,形成以开封为中心的运河系统,提高了运输效率,增加了国家财政收入。

纺纱女

宋诗《木棉》中写道:"车转轻雷秋纺雪,弓弯半月夜弹云。"诗句描述的是宋代的棉织业兴起后,农妇夜间纺棉纱、弹棉花的情景。

食盐生产

宋代的食盐生产是重要的手工业部门,沿海地区用海水煮盐,四川地区挖井取水煎煮为盐。

随着商业的繁荣
通行的货币多种多样
除了原本的铜钱、白银
方便携带的纸币也随之诞生

银瓶上的风雅

——如意云纹银经瓶

"宋代金银器更加注重审美功能，追求精神上的感受。"

　　经瓶是宋朝时期对梅瓶的称呼，在宋朝十分盛行，明朝以后被称为梅瓶。宋朝时，民间生产了很多精美的经瓶。

　　如意云纹银经瓶，瓶体直口，束颈，颈部与肩部往下到瓶身腹部的转折具有线条美，腹部弧形向外凸出，底稍敛内凹。通体饰如意纹样，除盖上纹饰外，全身有五排对称纹饰，形制与梅瓶基本相同。在如意云纹银经瓶底部，还刻有"东阳可久"四字字样。

　　宋代商品经济高度发达，金银器商品普及程度愈来愈广。通过银器上錾刻的铭记可以看出，商家为了宣传自己的作坊和扩大知名度，会在器物上刻上作坊名号，这除了是一种自信的表现外，同时也是一种信用的承诺。

与前朝金银器大气、粗朴的造型不同，宋代金银器细腻、典雅，富有韵味。其装饰纹样主要来源于社会生活。表现内容更为丰富多彩，更加世俗化，具有浓郁的生活气息，也折射出宋人的生活态度与审美情趣。

文物档案

名称： 如意云纹银经瓶
年代： 南宋
材质： 银
规格： 口径 3.2 厘米
底径 5.5 厘米
高 20.7 厘米
出土地： 四川德阳
收藏地： 四川博物院

两宋科技

两宋的科技成就达到了中国古代科技史上的高峰。

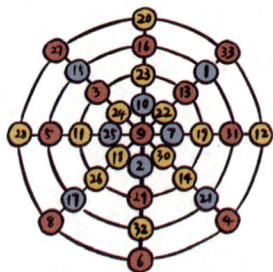

火药

接连不断的战争，促进了火药武器的发展。宋太祖进攻南唐时，使用了火箭两万支，还使用了火炮。

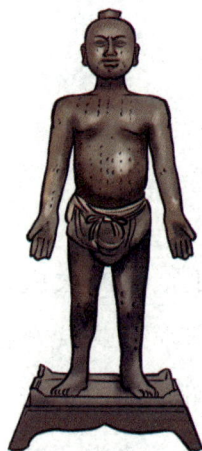

《详解九章算法》

宋代数学家杨辉撰写了《详解九章算法》，对《九章算术》中的246个题目中较难的80题作了详解。

针灸

宋代杰出的针灸学家王惟一不仅设计了针灸铜人模型，还撰写了医学专著《新铸铜人腧穴针灸图经》，为经穴理论的发展与规范化作出了巨大贡献。

活字印刷术

北宋毕昇发明了活字印刷术，是中国古代"四大发明"之一，比德国人约翰内斯·古腾堡的铅活字印刷术早约400年。

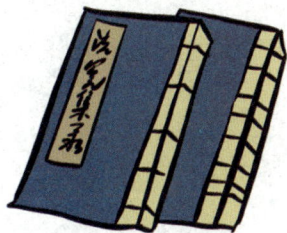

《洗冤集录》

南宋法医宋慈所写的《洗冤集录》一书，系统地论述了验尸的各种方法，是世界上第一部司法验伤、验尸的专著。

会圆术和隙积术

沈括提出了会圆术，即已知圆的直径和弓形的高，求弓形的弦和弧长的方法。他还推导出了计算堆垛物体积的公式——隙积术。

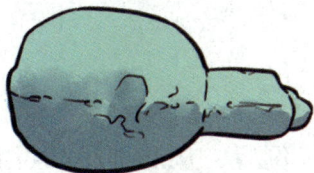

震天雷

震天雷是一种火药武器，用铁罐装药，点火后发射，声音像雷声，威力强大。

突火枪

突火枪用竹筒做枪身，里面填充火药和子窠，点燃引线后火药喷发而出。突火枪的出现无疑是火器发展史上的又一重大进步。

科技的蓬勃发展
增强了国家的实力
也方便了人们的生活

倒置的酒壶
——景德镇窑青白釉倒流壶

"青白瓷色质如玉，以光素者居多，也有刻花者。"

　　景德镇窑青白釉倒流壶是一件神奇的酒壶。如果不解其中的奥妙，你一定会认为是戏法师玩弄的手段。如果回到宋代的酒宴之上，你一定会为这件奇妙的"魔壶"啧啧称奇。

　　青白釉倒流壶，通体施青白釉，釉色白中泛青，润泽有光。壶体呈球形，顶部堆塑一条螭龙巧妙地连接了壶嘴与提梁，腹部为瓜棱状，平底，底中心有一注酒的圆洞。此壶设计巧妙，违背了传统的壶顶注入法，而是利用连通器原理，注酒时将壶倒置，从底部小孔将酒注入壶内的通心管，再将壶正置，即可从螭龙嘴往外倒酒，故称"倒流壶"。

　　倒流壶的制作工艺比较奇特，烧制需经过3道工序，每道工序都是倒着来，先做出壶形，再将通心管放

置进去，最后将壶盖封好进行烧制，充分体现了宋代高超的制瓷技艺和古代匠人的创造力。

宋代工匠在倒流壶的制作过程中运用了物理原理，这个原理是：连通器中只有一种液体，且液体不流动时，容器中的液面总保持相平。

倒流壶也是一件十分卫生的酒器，由于没有可掀开的盖，密封严实，灰尘不能落入壶内，也就更卫生，不得不令人佩服古人的智慧。

两宋制度

加强专制主义中央集权是宋朝制度的核心思想。

击鼓鸣冤

宋代皇宫门前有一面登闻鼓，被官府冤枉的百姓可以直接敲鼓鸣冤，向皇帝申诉。

《宋刑统》

宋朝对法治十分重视，在立国的第四年就公布了国家大法《宋刑统》。这是中国历史上第一部刊印颁行的法典。

腰牌

腰牌由木、铜等材料制成，上面书写官员基本信息，类似今天的身份证。

北宋禁军

北宋禁军分为马军、步军、弓军三科，其数目非常大，所养兵员为历朝之冠。

把地方的权力集中到中央
把宰相权力集中到皇帝手里
君主主宰着一切

厢兵

厢兵是挑选禁军后剩下的人，以及一部分发配充军的罪犯。他们平时很少训练，主要从事修城、架桥、运输等各种劳役。

通判

通判这一官职出现于宋代，在州府的长官下面掌管粮运、家田、水利和诉讼等事务，对州府长官有监察的责任。

文武分权

宋代设立中书和枢密院两个机构，文武分权，两者不能相合，称为"二府制"。

宋代法官"大理寺卿"

大理寺卿是全国三大司法长官之一，是掌握全国刑狱的最高长官。

不断改革与调整的政治制度
虽去掉了旧隐患
却又生长出新弊端
影响着宋王朝国力的发展

襄樊保卫战

"回回炮"又名巨石炮、襄阳炮，是一种威力巨大的抛石机，也是襄樊保卫战中，元军攻城的主要作战工具。

元军的铁骑一路向南，南宋将士们为守护所剩无几的国土而英勇抵抗。

元军采取长期围困的方法，封锁汉水，围困襄阳、樊城，因城高河深，又可相互支援，襄、樊两城被围困了近5年才陷落。

因襄阳、樊易守难攻，元军采水陆合并作战的式，利用火箭、抛机等兵器攻城。

襄阳、樊城两城被围困多年，供饷困难，战力渐弱，皇帝宋度宗和权相贾似道却仍旧只顾享乐，再加上失误选出的指挥，最后以失败告终。

襄阳、樊城的失守，宣告了南宋边界屏障的倒下，加速了南宋王朝的灭亡。

宋代历史大事记

960—1279 年

| 960 年 | 1004 年 | 1069 年 | 1127 年 |

陈桥兵变

黄袍加身的赵匡胤在陈桥驿发起兵变，这场兵变创造了"不流血而建立一个大王朝"的奇迹。

澶渊之盟

北宋和辽经过二十多年的战争后在澶州议和，因澶州在宋朝也称澶渊郡，故史称"澶渊之盟"。

王安石变法

熙宁年间，王安石进行变法，颁布了多项举措，如青苗法、保甲法、均输法等，增加了国家的财政收入。

靖康之耻

靖康二年（1127年），金兵攻占北宋都城汴京，掳走徽、钦二帝，北宋灭亡，宋室南迁。

1127 年

1141 年

1206 年

1279 年

建炎南渡

两宋交替时期，康王赵构为躲避金军追击，逃至江南，建立南宋。

开禧北伐

开禧二年（1206年），宋臣韩侂胄贸然带兵北伐，而金军早有准备，宋军以失败告终。

《绍兴和议》

1141 年，南宋与金订立《绍兴和议》。之后，南宋与金形成了长期对峙的局面。

崖山海战

1279 年，元世祖忽必烈派张弘范进攻南宋，双方在崖山进行大规模海战，最后元军以少胜多，宋军全军覆灭。

辽、西夏、金王朝兴衰图

西夏 1038 年

元昊称帝

金 11

辽 916 年

辽太祖

金灭辽
1125 年

北宋 960 年

金灭
北宋
1127 年

金太宗灭北宋

蒙古 1206 年 元

一代天骄成吉思汗

1271 年

1227 年 蒙古灭
西夏

忽必烈统一江南

1234 年 蒙古
灭金

太祖占领辽国

统一
中国

1127 年

1279 年 元灭
南宋

掌控北方的契丹人

游牧民族以游牧为主要生产生活方式，对农耕社会存在依赖性。

契丹族

契丹族是中国古代北方的游牧民族，在唐朝初年形成部落联盟，后来建立起了辽。

辽太祖

耶律阿保机诱杀各部首领，推翻了可汗推选制，自立为皇帝，即辽太祖。

"睡王"辽穆宗

辽穆宗耶律璟是有名的昏君，经常酗酒，天亮才睡，中午方醒，长期不理朝政，被称为"睡王"。

冶铁

辽朝的冶铁业十分发达，为辽朝提供了大量铁制工具，极大地提升了辽的生产力。

辽景宗勤于政事，重用贤臣
改革吏治，赏罚分明
使辽国复兴步入鼎盛

髡（kūn）发

辽朝人有髡发的习俗。髡发是指把头顶的头发剃光，只在两鬓或前额留少量余发作装饰。

南北两院制

辽朝采取两套官僚机构：一是北面官系，掌管朝廷大政及契丹本部事务；二是南面官系，掌管境内汉人州县等事。

契丹文字

契丹人创造了本民族的文字——契丹文，在辽国与汉字并行使用。

辽代五京

辽建立后，随着疆域的扩大，先后设置了五京，作为统治全国的政治、军事中心。这五京分别是：上京临潢府、中京大定府、东京辽阳府、西京大同府、南京析津府。

将游牧民族与农耕民族分开管理
主张因俗而治
开创出两院制的政治体制

神秘的党项王朝

党项族建立西夏王朝的历史，展现了一个王朝从无到有的成长史。

西夏起源

西夏由党项族建立，是西羌族的一个分支，在唐代时被赐姓李，到宋代时与中央政权关系破裂，开始抗宋。

西夏官制

西夏建立后，其官制大体上学宋朝制度，官分文武两班，中枢司、枢密司与三司分管行政、军事与财政。

元昊称帝

北宋年间，西夏元昊称帝，国号大夏。元昊立国后，下令臣民按党项风俗剃发，改用党项族姓，推动了党项族文明的发展。

西夏的毡毯

西夏的毡毯是外销的名贵商品，其中以白骆驼毛制成的白毡在《马可·波罗行纪》中被称为"世界最良之毡"。

西夏文化

西夏不仅仿照汉字结构创造了独有的文字——西夏文，还编写了许多像字典一样的工具书。

蒙夏之战

蒙夏之间经历了 22 年之久的战争，以西夏灭亡而告终。一代天骄成吉思汗在征伐西夏的时候去世。

宋夏关系

西夏多次侵扰北宋边界，逼迫北宋于 1044 年与西夏达成庆历和议。双方议定：西夏皇帝对宋朝称臣，北宋给予西夏茶叶、金银、绢匹等大量物资。

西夏兵制

西夏各个地方都有驻军，在驻军中又设立了监军司；皇帝身边的每个侍卫都有一块宿卫牌，作为身份证明。

西夏的政治体制和统治方式
深受儒家文化的影响

女真人的霸业

政治体制的一元化，是金朝强大的一个重要原因。

金太祖占领辽国

完颜阿骨打于 1115 年建立金朝，年号"收国"，建都会宁府。在持续对辽的战争中，屡战屡胜，后来病死于战争途中。

女真族

黑龙江流域的游牧民族——女真族，部分南迁后被编入辽国户籍的被称为"熟女真"，在原居住地的被称为"生女真"。

黄龙府之战

完颜阿骨打建国后的第一件大事就是占据黄龙府，他采用"围点打援"的方式最终攻入黄龙府，这是金灭辽的重要战役之一。

女真反辽

女真族长期受辽国的掠夺和压迫，每年都要进献贡品。后来女真英雄完颜阿骨打领导族人反抗辽，摆脱了压迫。

金朝初期全面采用辽朝的南北面官制
同时奉行两套体制
但后来逐步弃用了契丹制
全盘采用汉制

金太宗灭北宋

金太宗完颜晟对北宋连续发动战争，后来攻陷了北宋都城开封，携宋徽、钦二帝北还，北宋灭亡。

女真文字

女真人起初使用契丹文字，没有自己的文字，从完颜阿骨打建立王朝后才开始模仿汉字，创造了女真文字。

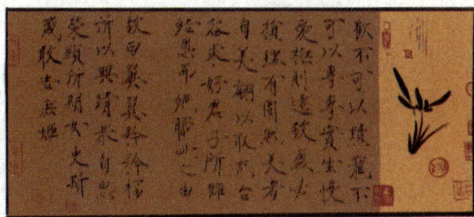

金人汉化

金朝大力提倡儒家文化，翻刻了大量的儒学经典，皇帝金章宗热衷于书法并喜好题字。

金朝科举

金朝立国一百多年间，办文化学校，盛行科举，并设立女真进士科，完备了科举考试体系。

虽金朝以儒家思想作为基本思想
但道家、佛教与法家思想亦广泛流传

元朝时期地图

元代石虎

石虎即石刻的虎。古代帝
及贵族、官僚墓前的石
中往往包括石虎。

至正之宝

至正之宝是中国古代钱币之
一，铸造于元顺帝至正年间。

窝阔台汗国

阿尔汗国

合台汗国

天山山脉

资福寺铜钟

铸造时曾经掺入波斯人捐赠
的自然铜矿石，是中外友好
交往的见证。

银鎏金六方杯

**景德镇窑青花
凤穿牡丹纹执壶**

通体花纹满密，繁而不乱，
青花色泽浓艳亮丽。造型源
自阿拉伯人使用的铜器。

蒙古包

蒙古族牧民居住在蒙古包
中，建造和搬迁都很方便，
适于牧业生产和游牧生活。

雅山脉

蓝釉金彩月影梅纹杯

月影梅花纹饰，常见于元至
明早期青花瓷器上，多绘于
小件的瓶、盘等器物上。

木活字印刷

通过排列组合雕刻在木板上
的单个文字，以方便印刷不
同内容的书籍。

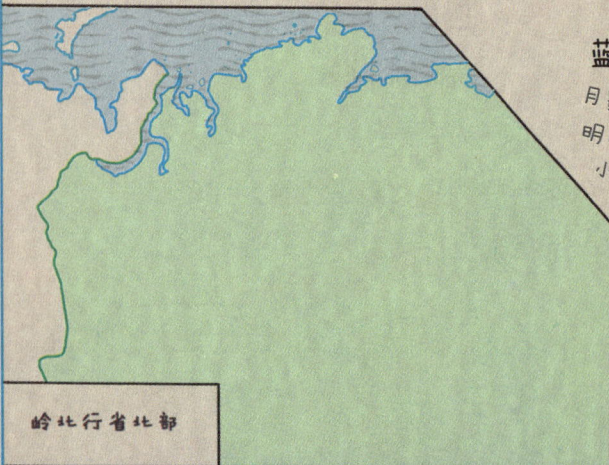

《至元译语》
宋元之际，陈元靓编纂的蒙汉词典。

至元通行宝钞

红巾军
红巾军是元朝末年人民反抗元朝的主要起事力量。因打红旗、头扎红巾，故名"红巾军"。

大兴安岭

长白山脉

辫线袄

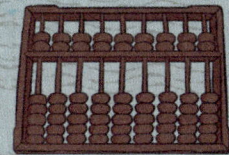
九档算盘

阴山山脉

贺兰山

黄河

成吉思汗

元

长江

马可·波罗
意大利旅行家、商人。《马可·波罗行纪》记述了他在中国的见闻。

渤海

黄海

东海

东海

流求

南海

八思巴文字母表
元朝忽必烈时期由八思巴创制的蒙古文字，世称"八思巴蒙古新字"。

元

万

里

南

海

石

塘

流求

南海

微型剧院

——景德镇窑青白釉戏剧舞台人物纹枕

"在瓷枕上观看元代的戏剧表演。"

青白釉戏剧舞台人物纹枕是一件令人陶醉的枕头，更像是一座微缩的袖珍剧院，静谧的夜晚枕着它入睡，想必梦中都会是一片锣鼓齐鸣、精彩纷呈的景象。

人物纹枕胎质洁白雅致，通体施青白釉，莹润光亮。枕身雕成戏台形式，采用塑雕和镂雕的手法塑造出楼台亭阁，十分精致。戏台中共有 18 个人物像，皆着古代戏曲服饰，正在演出一场戏剧。有的骑马，有的肃立，有的拱手施礼，有的献物捧礼，表现自然，神态各异。作者构思之巧妙，技艺之高超令人惊叹。

瓷枕的戏台舞美设计精细，珠帘漫卷、亭台楼阁、庭院回廊，真实地再现了元代的戏剧表演场景。瓷枕雕工精细，集建筑、舞台与瓷塑艺术于一体，展现了元代

戏剧艺术的面貌以及景德镇窑工匠高超的制瓷工艺。

元代是中国戏曲发展史上的第一个黄金时代，北方形成了"杂剧"，南方的"南戏"也发展迅速。戏曲反映了元代最真实的社会生活，是元代社会的一面镜子。

戏剧舞台人物纹枕是元瓷中罕见的艺术珍品，既反映了元代戏剧流行的社会风尚，也是研究元代陶瓷造型艺术和元代杂剧艺术的重要实物资料。

文物档案

名称： 景德镇窑青白釉戏剧舞台人物纹枕

年代： 元代

材质： 瓷

规格： 长 32.5 厘米
高 15.8 厘米

出土地： 不详

收藏地： 首都博物馆

元朝兴亡

元朝是中国历史上首个由少数民族建立的大一统王朝。

蒙古族

蒙古族始源于古代望建河东岸一带。13世纪，铁木真建立蒙古政权。这对蒙古族的形成有着重要意义。

一代天骄成吉思汗

成吉思汗原名铁木真，在蒙古族的部落战争中胜出，成为了草原的领袖。

忽里台推汗

铁木真聚集蒙古贵族召开"忽里台"，诸王和群臣推选铁木真即大汗位，尊号"成吉思汗"，建立了蒙古国。

成吉思汗之死

成吉思汗死在对西夏征战的途中，但不许部下传出死讯。

三峰山之战

三峰山之战是蒙古灭金的一场重大战役，蒙古军以少胜多，取得重大胜利。金军主力崩溃，再无力量复兴，灭亡已成定局。

开河变钞

元朝末年，黄河向北决口，国家财政困难，政府下令开黄河的新河道，并大量发行纸钞，导致物价暴涨，社会矛盾进一步激化。

忽必烈出兵襄阳

忽必烈稳定国内局势后，开始了灭南宋、统一中国的战争，灭南宋的第一步就是出兵襄阳。

红巾军起义

元朝末年，颍州出现了一群农民起义军，他们头戴红巾，所以又叫"红巾军"。

元朝灭亡

原属于红巾军的朱元璋扩充军队，自立为帝，国号明，占领了元朝都城，元朝灭亡。

不断扩张疆域的同时
却阻止不了内乱的频发
元朝难逃覆灭的结局

金瓶银胎

——"樊"字款银鎏金双凤穿花纹玉壶春瓶

"线条流畅，色彩金碧辉煌，展现了元代银器的高超工艺。"

玉壶春瓶又称玉壶赏瓶，由唐代寺院里的净水瓶演变而来，造型定型于北宋时期，在当时是一种装酒的实用器具，后来逐渐演变为观赏性的瓷器，是中国瓷器造型中的一种典型器形。元代玉壶春瓶承袭了宋代的形制，造型除圆形外，还有八方形，釉色、纹饰华丽丰富。

"樊"字款银鎏金双凤穿花纹玉壶春瓶，瓶胎身为银制，圆唇敞口，颈细，颈部中央微微收束，颈部向下逐渐加宽过渡为杏圆状下垂腹，曲线变化圆缓，体形瘦长，平底下接外展圈足。瓶外通体银镀金，腹部錾刻双凤穿花纹，双凤姿态轻盈优美，傲然高贵，极富动感。外底足内压印"樊"字。此瓶造型优美，錾刻精细，线条流畅，色彩金碧辉

煌，反映了制作工匠的艺术修养，代表了元代银器的高超工艺。

　　1985年，一位朴实的农民在自家院子里挖出了这个玉壶春瓶和一大批银器，他拒绝了文物贩子的诱惑，将这批文物无偿捐赠给了国家，避免了这批贵重文物的流失。

文物档案

名称： "樊"字款银鎏金双凤穿花纹玉壶春瓶

年代： 元代

材质： 银

规格： 高 30.4 厘米
口径 6.4 厘米
足径 7.2 厘米

出土地： 河南商水

收藏地： 故宫博物院

元朝政治制度

在腐朽的旧制度上查漏补缺，建立逐步完善的新规则。

中书一省制

元朝初期推行以中书省为中心的一省六部制，中书省一省独大，除为决策机构外，还管辖大都附近的腹里地区。

八思巴文

为了国家的统一，元世祖忽必烈命八思巴创造了"八思巴文"。它作为官方文字在元朝广泛使用。

行省制

行省，即行中书省，因元代幅员辽阔而置。行省是元代地方最高行政机构和政区名称。

元朝邮差

为了及时接收情报，元世祖忽必烈在国内遍设站赤，相当于汉族的驿站，并配专人送情报，相当于今天的"邮差"。

为了维护蒙古贵族的专制统治权
将不同民族划分为不同的等级
并规定了相应的等级制度

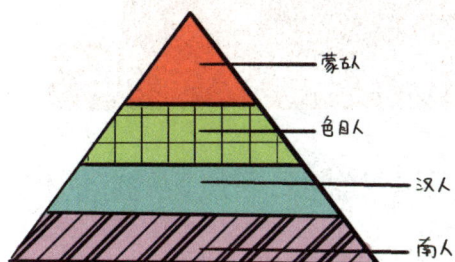

四等人制

元朝将领土内的民众按降附时间和政治可靠度划分为四个等级，金字塔顶层是蒙古人，等级间的权利差异极大。

元朝花押印

元朝的蒙古人、色目人官员中有很多人不熟悉汉字，连自己的名字也不会写，因此他们用印章来代替签名。相当于现代的个人签名。

达鲁花赤

元朝地方行政管理分为行省、路、府、州、县五个等级，各级政府都设有达鲁花赤，位于当地官员之上，由蒙古人或门第高贵的色目人担任。

千户制

成吉思汗将蒙古部众划分为 95 个千户，封给有功之臣。千户是世袭职位，有带兵作战的义务，也可以参与讨论国家大事。

中书省与枢密院、御史台
分掌政、军、监察三权
地方实行行省制度
开中国行省制度之先河

瓷上之花

——景德镇窑青花海水白龙纹八方梅瓶

"元青花的诞生，造就了一个从素瓷向彩瓷过渡的新时代。"

梅瓶是传统名瓷，以口小只能插梅枝而得名。梅瓶既是酒器，又是令人爱不释手的观赏品。其造型的优美程度可以说天下第一，所以梅瓶的造型可以算是中国瓷器的第一造型。

景德镇窑青花海水白龙纹八方梅瓶，是元代瓷器中的大型酒器。它的胎骨细腻洁白，釉质滋润透亮，青花色泽浓艳。此梅瓶瓶身修长，有8个棱角，瓶肩部分有斜格锦纹，锦纹下是一圈大如意云头纹，瓶身中间画有4条白龙，用青花海水和

火焰纹来衬托，近足处饰一周如意云头纹，内绘牡丹花叶。元代崇道信佛，这件梅瓶有8个方向，意即佛法遍及天下八方，采用龙纹等作装饰，寓意着皇帝恩威布于天下。

青花瓷器是中国瓷器

的主流品种之一。元代的青花瓷器造型大气豪迈，纹饰繁多，层次丰富，构图严谨，一改唐宋以来瓷器花纹布局疏简的传统，工细的描绘加上繁复的层次，形成了花团锦簇的艺术风格，龙纹的出现显著增多也是这一时期瓷器装饰艺术的特点。

作为青花瓷器的开端，元青花在中国陶瓷史上的地位非常高，现存元代青花瓷器数量稀少，可谓件件国宝。

<table>
<tr><td colspan="2">文物档案</td></tr>
<tr><td>名称：</td><td>景德镇窑青花海水白龙纹八方梅瓶</td></tr>
<tr><td>年代：</td><td>元代</td></tr>
<tr><td>材质：</td><td>瓷</td></tr>
<tr><td>规格：</td><td>高 46.1 厘米
口径 6.2 厘米
足径 13.4 厘米</td></tr>
<tr><td>出土地：</td><td>河北保定</td></tr>
<tr><td>收藏地：</td><td>故宫博物院</td></tr>
</table>

元朝经济和文化

从游牧民族转变为农耕民族，生产技术、粮食产量等方面有了较大提高。

至元通行宝钞

至元通行宝钞是元朝纸币，与之前发行的中统元宝交钞并行流通使用。

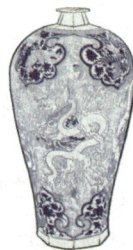

课税所

在大汗窝阔台的支持下，耶律楚材在北方设立课税所，每年征收大量的金银布匹等财物。

青花瓷

青花瓷成熟于元代。元青花远销海外各国，是元代财政收入的一项重要来源。

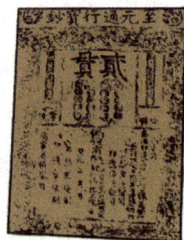

黄道婆

元朝民间手工业中以棉纺织业最为突出。黄道婆是宋末元初著名的棉纺织家、技术改革家。

在既有文化的基础上
开创了元曲与杂剧的新天地
书画艺术也取得新成就

杂剧

杂剧是一种把歌曲、宾白、舞蹈结合起来的中国传统艺术形式，最早见于唐代，元朝时达到鼎盛。

《马可·波罗行纪》

《马可·波罗行纪》由意大利旅行家马可·波罗口述，鲁思梯谦笔录成书，记载了元大都的政事、宫殿、节日、游猎等。

沉黑江明妃青冢恨
破幽梦孤雁汉宫秋

元曲

元曲是盛行于元朝的戏曲艺术，包括散曲和杂剧。在中国古代文学史上，元曲与唐诗、宋词及汉赋并称。

木活字印刷

木活字印刷是元朝手工业的一大成就，由王祯改良而成。他还创造了可以自由旋转的转轮排字盘。

官营手工业特别发达
民间手工业日益收缩
棉纺织业开始成为一项新兴手工业

江南山水
——《富春山居图》

"既承载了画家的精神诉求，也表达了画家的人生态度和追求。"

《富春山居图》是元朝画家黄公望创作的纸本水墨画，是中国十大传世名画之一。

《富春山居图》画的是浙江富春江两岸景色，开卷以雄浑的大山拉开图画的序幕，接着是连绵起伏、群峰争奇的山峦，然后是江水茫茫，天水一色，最后是高峰耸立，云天渺茫。画中山间丛林茂密，村舍茅亭点缀其间，渔人闲逸垂钓于江中，使人心旷神怡。画家构图独特，景色层次分明，用墨淡雅，富于变化，大段的留白，给观者留下更为广阔的思考空间。为了画好这幅画，黄公望频繁奔波于富春江两岸，随身携带纸笔，将所遇美景及时画下。细致入微的观察，身临其境的体验，加上他晚年那炉火纯青的笔墨技法，也依然用了三年时间才

创作出这幅千古名画。

　　该画历来是收藏家的真爱。明代收藏家吴洪裕将《富春山居图》视若性命。明朝灭亡之时，他弃满家收藏不顾，唯独随身带了《富春山居图》和《智永法师千字文真迹》逃难。临死之际，他要烧《富春山居图》给自己殉葬，幸亏他的侄子将此画从火中抢救了出来，但画却烧断为一大一小两段。前段较小，称"剩山图"；后段画幅较长，称"无用师卷"。

文物档案

名称：《富春山居图》
年代：元代
材质：纸
规格：《剩山图》
　　　　纵 31.8 厘米
　　　　横 51.4 厘米
　　　　《无用师卷》
　　　　纵 33 厘米
　　　　横 636.9 厘米
收藏地：浙江省博物馆
　　　　　台北故宫博物院

辽、西夏、金、元历史大事记

916—1368 年

916 年　　**1038 年**　　**1115 年**　　**1227 年**

辽太祖

耶律阿保机诱杀各部首领，推翻了可汗推选制，自立为皇帝，即辽太祖。

元昊称帝

北宋年间，西夏元昊称帝，国号大夏。元昊立国后，下令臣民按党项风俗剃发，改用党项族姓，推动了党项族文明的发展。

金太祖占领辽国

完颜阿骨打于 1115 年建立金朝，年号"收国"，建都会宁府。在持续对辽的战争中，屡战屡胜，后来病死于战争途中。

蒙夏之战

蒙夏之间经历了 22 年之久的战争，以西夏灭亡而告终。一代天骄成吉思汗在征伐西夏的时候去世。

| 1279 年 | 1287 年 | 1351 年 | 1368 年 |

崖山海战

1279 年，元世祖忽必烈派张弘范进攻南宋，双方在崖山进行大规模海战，最后元军以少胜多，宋军全军覆灭。崖山海战后，蒙元统一中国。

至元通行宝钞

至元通行宝钞是元朝纸币，于至元二十四年（1287 年）开始发行，与之前发行的中统元宝交钞并行流通使用。

红巾军起义

元朝末年，颍州出现了一群农民起义军，他们头戴红巾，所以又叫"红巾军"。

元朝灭亡

原属于红巾军的朱元璋扩充军队，自立为帝，国号明，占领了元朝都城，元朝灭亡。

图书在版编目（CIP）数据

藏在博物馆里的中国历史·宋元那些事儿 / 有识文化，成都地图出版社编著；李红萍绘 . -- 成都：成都地图出版社有限公司，2022.3
ISBN 978-7-5557-1859-8

Ⅰ. ①藏… Ⅱ. ①有… ②成… ③李… Ⅲ. ①中国历史—宋元时期—通俗读物 Ⅳ. ① K209

中国版本图书馆 CIP 数据核字（2021）第 263596 号

藏在博物馆里的中国历史·宋元那些事儿
CANG ZAI BOWUGUAN LI DE ZHONGGUO LISHI · SONG-YUAN NAXIE SHIR

策　　划	唐艳
主　　编	鄢来勇　刘国强　黄博文
副 主 编	姚虹　范玲娜　唐艳
责任编辑	陈红　魏玲玲
审　　校	魏小奎　吴朝香　王颖　赖红英　田帅
责任校对	向贵香
审　　订	肖圣中　邹水杰　毋有江　李春燕　李青青
	聂永芳　刘国强　姚虹　张忠　程海港
出版发行	成都地图出版社有限公司
印　　刷	运河（唐山）印务有限公司
经　　销	全国各地新华书店
开　　本	880 毫米 ×1230 毫米　1/16
印　　张	6
字　　数	80 千字
版　　次	2022 年 3 月第 1 版
印　　次	2022 年 3 月第 1 次印刷
书　　号	ISBN 978-7-5557-1859-8
审 图 号	GS（2022）15 号
定　　价	36.00 元